AF562960

PANÉGYRIQUE

DE

SAINTE THÉRÈSE

PAR

Le P. HENRI DE ROCHEMURE

DE LA COMPAGNIE DE JÉSUS

LYON
Librairie Briday
DELHOMME et BRIGUET, successeurs
3, *Avenue de l'Archevêché*, 3

PARIS
Société générale de librairie catholique
Victor PALMÉ
76, rue des Saints-Pères, 76

1883

PANÉGYRIQUE

DE

SAINTE THÉRÈSE

PAR

LE P. HENRI DE ROCHEMURE

DE LA COMPAGNIE DE JÉSUS

LYON
Librairie Briday
DELHOMME et BRIGUET, successeurs
3, Avenue de l'Archevêché, 3

PARIS
Société générale de librairie catholique
Victor PALMÉ
76, rue des Saints-Pères, 76

1883

PANÉGYRIQUE

DE SAINTE THÉRÈSE (*)

> « *Sic Deus dilexit mundum, ut Filium*
> « *suum unigenitum daret.* » (Joan. 3, 16).
>
> « Dieu a tellement aimé le monde, qu'il
> « lui a donné son Fils unique. »

Mes chers Frères,

L'apôtre de la charité, saint Jean, a exprimé une pensée bien profonde dans sa sublime simplicité, lorsqu'il a dit ces paroles de mon texte : « Dieu a tellement aimé le monde qu'il lui a donné son Fils unique. » Dans cette pensée se trouve le secret de toute l'histoire de l'humanité et même de l'univers : car l'humanité et les mondes roulent en quelque sorte, comme des satellites, autour du Verbe incarné ; et le Verbe de gloire ne s'est fait homme, que pour réparer la chute d'Adam et sauver l'âme humaine, selon l'expression de nos saintes Liturgies : « *O felix culpa*

(*) Ce panégyrique, a été prêché le jour de la fête de sainte Thérèse, dans différentes églises ou chapelles de l'ordre du Carmel.

« *quæ talem ac tantum meruit habere Redemptorem.* » — « O heureuse faute, « qui nous a valu un tel et un si grand Rédempteur. »

L'âme humaine, ah ! mes chers frères, Dieu l'aime d'un amour incompréhensible, d'un amour privilégié ; et son Fils unique, qui lui est consubstantiel, ne s'est pas fait ange, mais bien enfant d'Adam: « *Nusquam « enim Angelos apprehendit, sed semen Abrahæ apprehendit.* » (Hebr. 2, 16). Il a vu cette pauvre nature humaine au dernier rang des natures spirituelles, à moitié corps et matière, et de plus couverte des ténèbres et des souillures du péché. Et touché d'un amour tout divin pour cette esclave de la misère et de Satan, il l'a soulevée de terre, il l'a purifiée, illuminée de sa grâce, associée à ses Anges, il lui a promis son Paradis, son heureuse éternité ; que dis-je? il a envoyé son Fils unique, et, ô merveille ! la nature divine et la nature humaine sont unies en une seule et même personne, la personne adorable de Notre-Seigneur Jésus-Christ.

Et ne croyez pas, mes chers frères, que ce bonheur ne s'étende qu'à un seul de ses membres, Jésus-Christ. Sans doute le Christ est la tête de l'humanité ; sans doute l'onction de la divinité n'est tombée dans toute sa plénitude que sur cette tête précieuse ; mais la liqueur divine s'est répandue sur tous les membres de son corps mystique, et jusque sur les dernières franges de sa robe immaculée.

En un mot, Dieu aime toutes les âmes d'un amour infini ; il veut le salut de toutes ; en toutes il voit Jésus-Christ, son Fils, et en toutes aussi Jésus-Christ voit les bien-aimées de son Père. Jésus-Christ et l'âme humaine, quels termes éloignés, si on ne considère en Jésus-Christ que la Divinité, et la Divinité irritée ; mais qu'ils sont rapprochés par l'amour, et par l'amour le plus tendre, le plus fort, le plus passionné qui ait jamais existé !

Afin de mieux comprendre cet amour de Jésus-Christ pour les âmes, permettez-moi de vous le montrer dans celle que l'Église et le monde connaissent sous le beau nom de Thérèse de Jésus.

O divin Esprit, Esprit de flamme et d'amour, communiquez-nous une partie de ces feux qui embrasèrent les apôtres au jour de votre venue sur la terre. Nous allons parler d'une Sainte qui vous fut chère, puisqu'elle fut chère à Jésus-Christ ; ah ! daignez nous envoyer votre lumière et votre amour ; nous vous en prions par votre Épouse immaculée, par la Mère de Jésus et notre Mère. *Ave Maria.*

L'amour de Jésus-Christ pour les âmes, mes chers frères, est un spectacle d'une beauté toute divine : après la vision intuitive, disent les auteurs mystiques, le plus grand bonheur du ciel sera la vue de cette providence de Jésus, qui aura mené ses élus au terme de la bienheureuse éternité. En effet, l'amour est d'abord la plus haute puissance qui existe au ciel et sur la terre. L'amour c'est Dieu en lui-même, « *Deus charitas* « *est* » (1. Joan., 4, 8). C'est encore Dieu agissant au dehors : la création, l'Incarnation, la Rédemption, la sanctification ne sont que des diffusions de Dieu et de son amour. Or, cet amour de Dieu et de Jésus-Christ, après le grand prodige de l'Incarnation, n'apparaît nulle part plus fort, plus sage, plus tendre, plus divin en un mot, que dans la conduite des âmes, surtout dans celles qu'il s'est choisies et qu'il a aimées d'un amour de prédilection. Jésus-Christ leur a communiqué réellement, comme il le dit lui-même, cette gloire que Dieu son Père lui a donnée (Joan., 17, 22). Nous allons le voir dans Thérèse de Jésus.

Née sous le ciel brûlant de la catholique Espagne, dans cette patrie des héros et des saints, Thérèse eut toutes les qualités et toutes les passions du grand peuple dont elle était issue. Son esprit était d'une justesse, d'une sagesse, d'une prudence au-dessus de son sexe ; son cœur était d'une vivacité, d'une tendresse, d'une ardeur invincibles, en même temps que d'un courage et d'une magnanimité incomparables. Sur une nature aussi accomplie, la grâce éleva un des plus beaux édifices de perfection qu'aient jamais contemplé les Anges et les Saints.

Le Seigneur Jésus, nous le savons par tous les documents de la vie spirituelle, a comme trois degrés par lesquels il fait monter l'âme chrétienne jusqu'aux sommets de la perfection. Il purifie notre nature, qui, en la supposant même parfaite, est toujours grossière pour le travail si délicat de la grâce : alors nous sommes comme Marie-Madeleine aux pieds du Sauveur, les arrosant de ses larmes, les essuyant de ses cheveux. Il va plus loin, il illumine de ses clartés et enflamme de son amour ; ce n'est plus Madeleine pleurant, mais écoutant son divin Maître, « *audiebat*

« *verbum illius* » (Luc, 10, 39). Enfin Jésus-Christ, quand il le juge utile à sa gloire, mène les âmes au repos, à la quiétude, à la vie d'union et de contemplation ; c'est Jean l'évangéliste reposant sur le cœur de l'Homme-Dieu. Contemplons toutes ces phases du divin amour dans la vie de Thérèse de Jésus.

I

Le premier caractère de l'amour de Dieu sur les âmes est la purification, opération douloureuse, exigeant la force et la puissance et préparant ainsi les voies à ses lumières, à ses grâces, à ses tendresses ineffables. « *Ego sum Dominus Deus tuus, fortis, zelotes.* » (Exod., 20, 5). « Je suis le Seigneur ton Dieu, le Dieu fort et jaloux. » Il terrasse Paul sur le chemin de Damas, avant de le faire monter au troisième ciel. Il brise Augustin, avant d'en faire ce génie et ce cœur que le monde entier connaît. Il arrête et cloue sur un lit de souffrance Ignace de Loyola, avant de le rendre le père de toute une race d'apôtres et de martyrs. Telle fut sa conduite pour Thérèse.

L'ardente fille de l'Espagne voulut lutter contre Dieu et lui disputer son cœur. Elle ne voulait pas de cet empire divin qui n'est comparable à aucun autre pour sa sainteté, sa perspicacité, sa dévorante activité. Mais qui peut résister à Dieu et avoir la paix ? « *Quis restitit ei et pacem* « *habuit ?* » (Job, 9, 4). Elle a beau faire, dans son cœur s'établit cette lutte de la grâce qui, sans altérer la liberté humaine, la domine, la subjugue, l'amène peu à peu à ses fins, lutte lente et solennelle, mais infaillible et toute-puissante.

Thérèse, sur cette mer de la liberté et de la Providence, s'agite comme le vaisseau sur l'Océan. Plutôt que de se jeter dans ce vide, ce détachement que Dieu lui demande, avant de l'introduire dans les délices de son intimité, elle s'attachera à tout. Elle jettera son imagination et son cœur dans la lecture de ces livres frivoles et dangereux, que réclamait Ignace de Loyola sur sa couche de douleurs, mais auxquels la Providence substitua la *Vie des Saints*, devenue la cause de sa conversion. Elle se jettera encore dans ces conversations inutiles, dans ces amitiés agréables à la nature, mais indignes de la pureté de la grâce et de la sainteté d'un Dieu. Vaincue sur ces deux points, sa nature se révoltera contre les saintes aspérités de l'oraison : le temps, ce grand don de Dieu, surtout quand il est destiné à la prière, ne sera pour Thérèse qu'un tourment propre à être abrégé. En un mot, elle a horreur de cette mort de la nature, préparation nécessaire à la vie de la grâce, de cet esclavage divin, préférable en dignité aux plus grandes royautés de la terre : « *Servire Deo* « *regnare est.* » Pendant un temps assez notable, elle agit, comme peut-être, mes chers frères, nous agissons habituellement. Elle ne voulait pas céder, là où vaincre est un suprême danger, ou plutôt une terrible défaite : car alors notre victoire, c'est la victoire du corps sur l'âme, de la créature sur Dieu, du temps sur l'éternité.

Mais autour de Thérèse, comme autour d'Augustin, veillait la miséricorde de Dieu toujours fidèle : « *circumvolabat super me fidelis tua miseri-* « *cordia.* » (Confess.). Cette miséricorde étonnante de Dieu employait tous les moyens pour vaincre ses résistances. Elle patientait, elle attendait, elle frappait : « *Ego sto ad ostium et pulso* » (Apoc. 3, 20); elle semait d'épreuves et d'épines cette vie de plaisir et d'indépendance, où Thérèse menaçait de s'engager; elle se faisait entendre par cette voix du remords, voix de sa bonté aussi bien que de sa justice.

Enfin Dieu se décida à frapper cette âme rebelle par deux spectacles, l'un de terreur et l'autre d'amour. Le spectacle de terreur fut celui de l'éternité malheureuse. Elle vit dans l'enfer le lieu où ses péchés véniels et ses imperfections notables l'auraient inévitablement amenée, et elle est saisie, pénétrée d'horreur, à la vue de ce séjour lamentable. Le souvenir lui revient alors, mais bien plus fortement, de ces paroles qu'elle répétait avec effroi dans son enfance, en pensant à l'enfer : « Toujours, toujours, « jamais, jamais. »

En même temps, Jésus-Christ lui apparaît dans l'état pitoyable où l'avaient mis les fouets de la flagellation ; et il fait entendre à Thérèse que son amour, et son amour spécial pour elle, l'avait mis dans ce triste état. A ce spectacle, le cœur de Thérèse ne peut y tenir, le coup de grâce est donné : Anges du ciel, il est temps de vous réjouir ; solitudes du Carmel,

tressaillez d'allégresse, un merveilleux changement s'opère, la transformation est faite ; Thérèse est vaincue dans ce qu'elle a de terrestre et de profane, elle est victorieuse dans ce qu'elle a de céleste et de divin ; oui, Thérèse est vaincue, et Jésus-Christ est vainqueur.

II

La perfection, mes chers frères, est loin de consister uniquement dans la mort de la nature. Cette mort est la base de l'action de Dieu, base impérieusement voulue par le Tout-Puissant, qui ne travaille que sur le néant ; ou bien encore, les anéantissements du Calvaire sont comme les fossés de l'édifice chrétien, mais attendant le fleuve de vie qui doit les remplir. Après la mort de la nature, la vie de la grâce est nécessaire ; et saint Paul, qui a si admirablement compris Jésus-Christ, nous parle autant de vie que de mort, de résurrection que de sépulture, de floraison que d'ensevelissement dans la terre.

Or, la vie de la grâce se manifeste d'abord par la lumière divine qui inonde nos âmes, sitôt qu'on s'approche de Dieu, sa source resplendissante : « *Accedite ad eum, et illuminamini* » (Ps. 33, 6). La lumière est le commencement de la création spirituelle, comme de la création matérielle. Dans Thérèse, cette lumière divine fut éclatante de beauté, de limpidité, de profondeur. Fille d'Élie, et, à son exemple, descendue du Carmel, elle apparut parmi les ténèbres de la mer de ce monde, comme une étoile tutélaire, comme un phare rayonnant.

Oui vraiment, elle fut belle cette intelligence de Thérèse, belle dans sa contemplation de Dieu, belle dans ses écrits immortels. Dieu, pour illuminer de plus en plus cette intelligence, réunit autour de Thérèse ses amis les plus éclairés, ses saints les plus élevés en connaissances surnaturelles, saint Pierre d'Alcantara, saint François de Borgia, et une foule d'illustres religieux destinés à la fortifier, à l'entraîner toujours davantage dans ces sillons lumineux, où l'avait mise la volonté de son céleste Époux. L'Église elle-même, accoutumée cependant aux secrets et aux mystères les plus sublimes, est comme ravie des lumières de son humble enfant,

Thérèse de Jésus ; et dans l'oraison de sa fête, elle demande que nous soyons nourris de l'aliment de sa céleste doctrine : « *cœlestis doctrinæ* « *pabulo nutriamur.* » Une pieuse coutume la représente même sous les insignes et avec le titre de docteur.

Que dire de ses écrits, estimés et lus avec tant d'amour par la piété chrétienne ? Oh ! que de fois, mes chers frères, dans cette vallée de l'exil, ai-je rencontré des âmes religieuses, faisant leurs délices des écrits de sainte Thérèse, y trouvant la lumière, la paix, la consolation. En les lisant, il faut nécessairement répéter ce que Grégoire XV, docteur infaillible de l'Église, disait dans sa bulle de canonisation : « *Adimplevit... eam spiritu* « *intelligentiæ, ut non solùm bonorum operum in Ecclesiâ Dei exempla* « *relinqueret, sed et illam cœlestis sapientiæ imbribus irrigaret.* » — « Dieu « la remplit de l'esprit d'intelligence, en sorte que non seulement elle a « laissé dans son Eglise les exemples des vertus, mais encore elle l'arrose « des sources fécondes de la divine sagesse. » O mon Dieu, donnez-nous cette lumière surnaturelle, si peu familière aux intelligences de nos jours ; et dans ce but, faites-nous aimer la prière, cette vision de Jésus-Christ par les âmes pures.

Après la lumière de l'intelligence vient la vie proprement dite du cœur, et surtout cette vie intérieure, qui fait toute la gloire de la Fille du Roi, c'est-à-dire, de l'âme fidèle : « *Omnis gloria ejus filiæ Regis ab intùs.* » (Ps. 44, 14.) Thérèse posséda cette vie intérieure au plus haut degré ; elle fut vraiment l'ange du Carmel, au milieu des déserts de ce monde.

Elle eut cette pureté du cœur, qui est le commencement nécessaire de toute vie spirituelle. Ses seuls écrits le montreraient ; les cœurs purs peuvent seuls parler ainsi de Dieu : « *Beati mundo corde, quoniam ipsi* « *Deum videbunt.* » (Math. 5, 8.) Forte de l'amour et de la beauté de son divin Époux, elle se moquait agréablement de tout ce qui attire et enchante ici-bas. Elle engageait ses filles spirituelles à se récréer du spectacle des vanités de la terre, spectacle si digne de risée, s'il n'était pas si tragique.

Son humilité fut grande, au milieu des étonnantes faveurs que Dieu lui prodiguait. Il fallut toute l'autorité de ses confesseurs, pour lui faire écrire le récit de ses divines faveurs, et elle souffrait davantage à déclarer les grâces de Dieu que ses propres péchés. Son obéissance fut admirable ;

elle se laissait diriger comme une enfant, préférant l'autorité de ses directeurs en quelque sorte à celle de Jésus-Christ lui-même. Sa patience a été sublime, parmi toutes les épreuves qui l'assaillirent, comme désolations et maladies presque continuelles. Au milieu de ce détachement, de cette humilité, de cette obéissance, de cette patience, son cœur vivait de la vie la plus active, la plus généreuse; elle s'engagea par un vœu héroïque à faire toujours ce qui était le plus parfait et le plus utile à la gloire de Dieu. Que de vertus, mes chers frères, dans cette grande Sainte, et comme ce spectacle condamne notre lâcheté, ou tout au moins notre indifférence au service de Dieu!

Mais cette perfection apparaîtra encore davantage dans sa vie extérieure et apostolique. Oui, dans sa vie apostolique : car Thérèse fut un apôtre, aussi bien qu'une grande et illustre contemplative. O Carmel, séjour des anciens prophètes et des premiers chrétiens, Carmel, montagne chère à Marie, réjouis-toi; car tes solitudes vont refleurir, et les penchants de tes collines vont se couvrir de verdure et de fleurs.

Voyez-la, mes chers frères, voyez-la l'illustre Thérèse oublier la faiblesse de son sexe et devenir la mère, la restauratrice d'un grand ordre religieux. Et qui donc excitait Thérèse à sortir de son heureuse solitude, sinon son zèle immense pour le salut des âmes? Ce zèle l'aurait emprisonnée dans le purgatoire jusqu'au jugement dernier, pour sauver une seule âme, et lui faisait porter une sainte envie aux prêtres, aux missionnaires, qui, par leurs fonctions, peuvent contribuer si fructueusement au salut du prochain. Saisie d'une grande tristesse, à la vue de tant de peuples assis à l'ombre de la mort, de l'infidélité, du schisme, de l'hérésie, comme son père Élie, elle s'écrie douloureusement : « *Altaria tua destruxerunt,* « *prophetas tuos occiderunt... derelictus sum ego solus.* » (3. Reg. 19, 10.) — « Seigneur, ils ont détruit vos autels, ils ont tué vos prophètes, et j'ai été « abandonné seul dans le désert. »

Mais non, Thérèse ne reste pas dans le désert; elle parcourt les villes et les bourgs de l'Espagne, fondant partout des monastères de sa Réforme. Dans ces fondations apparaît son courage héroïque, qui lui fait affronter mille dangers et mille difficultés; sa prudence merveilleuse, saisissant les occasions et les temps favorables à ses projets; sa confiance en Dieu, au sein des entreprises les plus difficiles; son amour de la pauvreté, qu'elle établit comme une reine dans tous ses monastères. Élevez-vous donc, maisons du Carmel, couvrez toute l'Espagne; allez plus loin encore, élevez-vous au sein de l'Italie, dans notre chère France, que Thérèse aimait d'un amour tout spécial, et où son esprit règne avec tant de pureté et de ferveur. Conservez la foi catholique au milieu de notre bien-aimée patrie, et que vos enfants détournent toujours de nous les foudres et les malédictions de Dieu. Et vous, mes chers frères, ah! pour la reconstruction de l'édifice social ébranlé dans ses bases les plus profondes, apportez tous une pierre; ne laissez pas le prêtre catholique dans la solitude de nos temples, où veut l'enfermer la haine de l'enfer, venez à son secours, et soyez, vous aussi, de véritables apôtres.

III

Enfin, mes chers frères, après l'état de purification, après celui d'illumination et de vie spirituelle, vient, au moins pour les âmes saintes et parfaites, la vie d'union et de transformation. Cette vie est un mélange inexprimable de béatitude et de douleur, de saintes délices et de croix effrayantes : les jours de cette vie rappellent ces heures si courtes, mais si fécondes, qui virent ensemble les joies de l'Eucharistie et les tortures du Calvaire. Comme le dit Thérèse elle-même, « il y a l'eau qui rafraîchit, « mais aussi le vin qui enivre. » Ces deux traits de la vie unitive se trouvent dans notre grande Sainte.

Et d'abord il y eut en elle l'amour de la souffrance, non pas cet amour ordinaire, qui est plutôt la patience ou la générosité nécessaires à toute âme chrétienne, mais cet amour extraordinaire, donnant aux saints, même quelquefois sensiblement, une similitude avec le crucifié du Calvaire. Dès l'âge de sept ans, on la vit, suivie de son petit frère, chercher à gagner l'Afrique, pour y obtenir la palme du martyre. Mais plus tard, quand la grâce eut absolument triomphé d'elle, son amour pour les souffrances prit des proportions, qui jusqu'alors lui avaient été inconnues. Elle eut aussi son cri sublime, sa devise de souffrances. François Xavier, à la vue des immenses travaux que lui préparait la divine Providence, s'écriait : « Encore plus, Seigneur, encore plus. » Thérèse, au fond de sa cellule, s'écriait dans l'ardeur de ses désirs : « Ou souffrir ou mourir. »

Aussi cet amour de la souffrance s'imprima non seulement dans son âme, mais jusque dans son corps. On dit que Jésus-Christ, en la prenant pour épouse, dans une de ses apparitions, mit sa main dans la sienne; mais cette main divine était armée du clou qui l'avait transpercée, et Thérèse sentit le contact douloureux de ce clou bien-aimé. Bien mieux ; François d'Assise, sur le mont Alverne, avait reçu d'un Séraphin cinq traits merveilleux, qui imprimèrent sur sa chair les traits du Sauveur Jésus : Thérèse reçut aussi d'un Séraphin un trait non moins merveilleux qui blessa son cœur. Et si l'église catholique, toute entière, célèbre la fête de l'*impression des stigmates de saint François d'Assise*, l'Espagne fait la fête de *la transverbération du cœur de sainte Thérèse*. Tous deux, François et Thérèse peuvent dire, comme saint Paul : « *Ego enim stigmata Domini* « *mei Jesu in corpore meo porto.* » (Galat. 6. 17.) — « Je porte sur mon corps « les stigmates de mon Seigneur Jésus. » Pour nous résumer, dans l'ordre de la souffrance, Thérèse fut la digne compagne de saint Jean de la Croix, cet homme vraiment incomparable, portant jusqu'à l'héroïsme la sublime folie du Calvaire, et qui, au lieu de dire simplement à Notre-Seigneur, comme saint Thomas d'Aquin : « Je ne veux que vous pour « récompense, » lui disait : « Seigneur, je vous demande pour récompense « de souffrir et d'être méprisé pour vous. »

Thérèse eut donc cet amour extraordinaire de la souffrance, l'apanage des âmes unies et transformées en Dieu. Mais de cette vie d'union elle eut aussi les saintes délices et les saints transports. « Comment vous « appelez-vous ? » disait un jour un petit enfant à Thérèse, qui, tout étonnée, l'avait rencontré dans les cloîtres de son monastère. — « Je « m'appelle Thérèse de Jésus. » — « Et moi, répondit le gracieux enfant, je « m'appelle Jésus de Thérèse » : c'était le divin Enfant lui-même qui apparaissait ainsi à son épouse. Ce seul trait, ces deux noms que prennent le Créateur et la créature, le Rédempteur et son âme chérie, indiquent assez l'immense charité qui les unissait.

Cette charité, mais unitive et délicieuse, la portait vers l'oraison, comme la pierre est portée vers son centre. En elle se vérifiait cette parole de saint Grégoire : « *Amor ipse notitia est.* » — « L'amour lui-même est une « connaissance ; » et cet autre parole de saint Bernard : « *Quantùm quisque* « *diligit, tantùm intelligit.* » — « On comprend d'autant plus qu'on aime « davantage. » N'ayant pu satisfaire son désir du martyre, elle se construisait, encore enfant, de petits ermitages, où elle préludait déjà aux saints exercices de l'oraison. Mais, dans la suite, cette oraison devint pour elle un exercice tout à fait sublime et surhumain, où Dieu agissait bien plus que sa créature.

Ici, mes frères, il faut s'arrêter ; des saints, comme saint Pierre d'Alcantara, saint François de Borgia, ont pu comprendre Thérèse et la rassurer contre la frayeur qu'elle avait de l'illusion. Nous ne saurions entrer ainsi dans le sanctuaire intime des divines révélations ; taisons-nous et admirons en silence les voies ineffables de la grâce et de la toute puissance divine. Dieu est toujours le même ; et, s'il est infini dans sa justice, il l'est encore plus dans ses tendresses et dans son amour : « *deliciæ meæ esse cum filiis hominum.* » (Prov. 8, 31.)

La grande charité, qui embrasait le cœur de Thérèse, non seulement lui faisait aimer l'oraison, mais encore tout ce qu'aimait Jésus-Christ. A l'âge de douze ans, ayant perdu sa mère, elle se jeta aux pieds d'une image de Marie, et la pria avec larmes de remplacer celle qu'elle avait perdue ; depuis ce temps aussi, Marie, la mère du Carmel, vit dans Thérèse une de ses filles les plus chéries. Elle avait pour saint Joseph une dévotion incomparable ; elle le choisit pour son patron tout spécial, et le premier monastère de sa Réforme porta son nom mille fois béni.

Mais que dire de l'amour de Thérèse pour Jésus-Christ ? C'était en elle une passion toute divine. Elle tressaillait d'allégresse, lorsque, dans le symbole du dimanche, on chantait dans nos églises que son royaume n'aurait pas de fin. En entendant sonner l'heure, elle se réjouissait de ce qu'une heure de moins la séparait de son Dieu. Dans la fondation des monastères de son ordre, un de ses principaux buts était d'élever autant de trônes à la divine Eucharistie. Pour exprimer cet amour envers Jésus-Christ, elle avait des accents ineffables, comme ceux-ci : « Pourquoi,

« puisqu'on le permet aux fiancées du monde, nous serait-il interdit de nous « enquérir des qualités et des biens de notre Époux ; quel est son père, quel « est le pays où il doit nous emmener; quels avantages il nous promet, « quelles sont ses inclinations, afin d'y conformer les nôtres. » Et ailleurs : « Non, non, vie de toutes les vies, vous ne tuez aucun de ceux qui se « confient en vous et qui veulent vous avoir pour ami. » (Sa vie, ch. 8.) Et à l'heure de sa mort : « Venez, Seigneur, venez, cher Époux. Enfin « l'heure est venue, et je vais sortir de cet exil. Il est temps, et il est bien « juste que je vous voie, après que ce violent désir m'a si longtemps « dévoré le cœur. »

Finissons, mes chers frères : aussi bien, si nous voulions parler de ce tendre et ardent amour de Jésus pour Thérèse et de Thérèse pour Jésus, l'éternité n'y suffirait pas. Mais en finissant, revenons sur nous-mêmes. Les plus grandes grâces ne sont pas les grâces extraordinaires, mais bien les grâces communes. Qu'y a-t-il de comparable à l'Incarnation, bienfait qui atteint tous les hommes ; à l'Eucharistie, ce don ineffable fait à toute âme catholique ; à la foi, vertu nécessaire au salut ? Ce dernier don de Dieu, cette foi catholique que nous professons, mes chers frères, Thérèse la plaçait au-dessus de tous les autres bienfaits de Dieu : « Enfin, disait- « elle en mourant, enfin, mon Dieu, je suis fille de l'Église, et je vous « remercie de ce que vous m'avez fait naître et mourir dans le sein de « l'Église catholique, apostolique et romaine. »

Nous aussi, mes chers frères, rappelons-nous ce titre d'enfant de l'Église, qui faisait tressaillir Thérèse jusqu'à l'entrée du Paradis. Allons plus loin que le souvenir ; sachons estimer cette sainte Église, l'aimer, la respecter dans sa discipline, sa morale, ses dogmes, ses prêtres, ses évêques, et surtout dans son Pontife suprême et infaillible, qui, disons-le sans crainte de nous tromper, est la lumière du passé et l'espérance de l'avenir.

Et vous, ô Thérèse, appelée, comme Jean l'évangéliste, à l'amitié de Jésus, « *quem diligebat Jesus* » (Joan. 13, 23) ; vous qui, comme ce grand apôtre, avez tout reçu de lui, sa mère, son père adoptif, son nom, sa croix, ses secrets les plus intimes, son apostolat, son cœur, ah ! du haut du ciel, veillez sur nous tous. Veillez sur cet ordre du Carmel, qui vous doit sa gloire et son éclat; veillez sur ces autres ordres religieux, dont les membres furent vos guides éclairés; veillez sur ces nations, que vous avez tant aimées; veillez surtout sur l'Église, dont vous êtes toujours la fille; et qu'un jour nous tous, enfants de l'Église militante, nous fassions avec vous partie de l'Église triomphante. C'est la grâce...

LYON. — IMPRIMERIE X. JEVAIN, RUE SALA, 42-44

www.ingramcontent.com/pod-product-compliance
Lightning Source LLC
LaVergne TN
LVHW010252230826
846091LV00007B/2922

* 9 7 8 2 0 1 2 4 6 0 8 6 7 *